TOMMIE

SPAGHETTISSIMO
BRUNO HAUSCH

HÄDECKE

Impressum

ISBN 3-7750-0200-6, © Walter Hädecke Verlag, D-7252 Weil der Stadt, © Fotos Bruno Hausch. Satz: TypoBach München. Reproduktionen: time litho, Leinfelden-Echterdingen. Gesamtherstellung: SVA, Ludwigsburg, 1989. Printed in Germany.

IDEE UND FOTOS

BRUNO HAUSCH

TEXT UND CASTING

MANUELA VON PERFALL

REZEPTE

CHRISTINE MESSER

GESTALTUNG

RALPH JANK / SUSANNE FRENZEL

SPAGHETTI – PIÙ SPAGHETTI – SPAGHETTISSIMO

Die Idee zu diesem Buch entstand aus einer ebenso einfachen wie bemerkenswerten Beobachtung: Alle lieben Spaghetti. Kinder schlürfen sie um die Wette, Künstler lassen sich von ihrer biegsamen Form inspirieren, Gourmets verfeinern sie mit Trüffeln, Junggesellen mit Butter. Ästheten ergötzen sich an ihrem appetitlichen Anblick, Sportler schätzen ihre Nahrhaftigkeit. Architekten schwärmen von ihrer stabil-flexiblen Statik, Hausfrauen schwören auf die unkomplizierte Zubereitung.

60 von ihnen allen haben wir gebeten, uns mit Spaghetti Modell zu stehen, ihr Lieblingsrezept zu verraten und ihre höchstpersönliche Beziehung zu der sahnig-knackig-sinnlichen Köstlichkeit zu beschreiben. „Spaghettissimo" ist dabei herausgekommen – ein intimes Kochbuch wie auch ein surrealer Bildband und die Darstellung einer großen Liebe.

Die Möglichkeiten zur Nahrungsaufnahme sind vielfältig. Manche Lebensmittel machen satt, andere sind gesund. Einige schmecken nur in ihren Heimatländern, viele sind kalorienreich, teuer oder abhängig von der Jahreszeit. Niemand will der Erdbeere, dem Spargel oder der kross gebratenen Weihnachtsgans zu nahe treten: aber ist es nicht so, daß man sehr bald genug von ihnen hat? Wie ein elfenbeinfarbener Spaghettifaden zieht sich da die Aussage aller zum Thema Befragten durch dieses Buch: „Spaghetti kann ich immer essen".

Die nie erlahmende Lust auf Spaghetti hat viele Gründe. Zum einen sind Spaghetti viel mehr als ein banales Nahrungsmittel. Sie wecken Erinnerungen, sie bezaubern, sie machen glücklich. Spaghetti lassen uns an sonnige Ferien denken, an romantische Stunden unter weinumrankten Lauben, an das Licht und die Wärme südlicher Gestade. Sehnsüchte, die ein großer Teller mit dampfenden Spaghetti, leuchtendroter Tomatensauce und dem schmackhaften Häubchen frisch geriebenen Käses auf die köstlichste Weise befriedigt. Fast jeder hat inzwischen am eigenen Leib erfahren, wie wunderbar es sich mit der mediterranen Spezialität leben, lachen, diskutieren und philosophieren läßt. Und dazu kommt: die Anpassungsfähigkeit der Nudel ist grenzenlos. So wie der passionierte Spaghettiesser die atavistische Schlemmerei am liebsten in munterer Gesellschaft genießt, so sind auch die Spaghetti selbst nicht gern allein.

Sie mischen sich stets und immer wieder anders mit sahnigen, gut gewürzten, farbenfrohen Saucen. Dabei identifizieren sie sich ohne weiteres mit allen nur denkbaren Begleitern. Fleisch, Fisch, Meeresfrüchte oder Gemüse sind ihnen ebenso recht wie Käse, Eier, Kastanien oder das krönende Flöckchen Butter. Hauptsache, der Koch ist kreativ, mutig und freigiebig. Denn der Witz vieler Spaghettigerichte liegt gerade im sorglosen Umgang mit Mengenangaben und Rezeptvorschriften.

Über Geschmack läßt sich bekanntlich meistens streiten. Wären da nicht die Spaghetti und die Jeans, die über jede Diskussion erhaben sind. Doch während die blaue Drillichhose ein achtlos hingeworfenes Dasein führt, sobald es ernst, festlich oder zu heiß wird, begleitet die graziöse Köstlichkeit ihre Fans immer und überall. Sterngeschmückte Köche servieren sie in elegantem Ambiente, auch die ambitionierte Hausfrau möchte nicht auf sie verzichten. Selbst im verlassensten Nest New Mexicos verfeinert der pfiffige Enkel neapolitanischer Auswanderer die rauhen Sitten mit dem Geheimrezept der Großmutter. Und kein Strandlokal oder Autobahnrastplatz ohne „Spaghetti mit Fleischsauce“. Spaghetti verdrängen langsam aber sicher den Hamburger aus den bisher für ihn reservierten Fast-Food Ketten, und auch im abgelegenen Einödhof gilt die italienische Variante der altbekannten Nudel schon längst nicht mehr als obszönes Schimpfwort.

Wem verdanken wir nun diesen beruhigenden Luxus, überall ein Plätzchen zu finden, an dem wir uns mit Heim- oder Fernwehgefühlen unserer kulinarischen Leidenschaft hingeben können? Sicherlich zuallererst dem italienischen Wirt und seinen flinken Kellnern. Jeder hungrige Kunde merkt nämlich sofort, daß hier der Koch selbst sein bester Gast ist. Daß er sein Essen mit Liebe zubereitet, daß er auf alles in der Welt verzichten würde – nur auf die Pasta nicht.

In zweiter Linie geht die weltweite Bekanntheit der italienischen Teigwaren natürlich auf das Konto des offiziellen Pasta-Botschafters Marco Polo. Zwar ist ungeklärt, wer sie letztlich wann erfunden hat, diese Fäden aus Weizengrieß, Salz und Wasser. Das früheste Dokument findet sich – Lukullus sei Dank – in Italien, genauer gesagt in Cerveteri. Bereits im 4. Jahrhundert vor Christus verewigte dort ein künstlerischer Koch auf den Pfeilern eines etruskischen Grabes sein Handwerkszeug: Nudelbrett, Mehlbeutel, Schöpfkellensieb und Teigrädchen zeugen, in Stein gehauen, von uralter Pastapräsenz.

Dann wird es lange still um das Schicksal der Nudel. Bis der venezianische Entdeckungsreisende Marco Polo 1292 die Nudelrezeptur aus Asien mitbringt.

Schon im 11. Jahrhundert waren jedoch wahrscheinlich die Araber auf die zündende Idee gekommen, die den Siegeszug der Nudel einleitete: sie fanden heraus, wie man den Teig trocknet und damit haltbar macht. Die gut geknetete Masse mußte nur dünn genug ausgerollt werden und dann, um Holzstäbchen gewickelt, in der Sonne trocknen. Diese Kunst brachten die Araber mit an die sizilianische Küste und nach Süditalien, bis heute Hochburg der Nudelherstellung. Dank ihres angeborenen Stilgefühls verfeinerten die Italiener die ursprünglich plumpe Nudel zu einem eleganten, feinen Faden, dem „Spago", daher der Begriff Spaghetti. Den wahren Durchbruch hatten die Spaghetti dann mit der Entdekkung der Tomate in der neapolitanischen Küche, dieser geschmacklich und farblich perfekten Ergänzung.
Noch im 18. Jahrhundert wurden die Nudeln – wie Goethe amüsiert feststellte – mit den Fingern gegessen. Ungeniert griff man in das Nudelknäuel, um es dann, mit zurückgelegtem Kopf, in den Mund gleiten zu lassen. Für die feineren Leute, die nach und nach ebenfalls auf den Spaghetti-Geschmack kamen, war diese so unelegante wie lustige Technik natürlich nicht akzeptabel. Manche Ernährungshistoriker behaupten denn auch, daß die Erfindung der vierzinkigen Gabel den endlosen Nudelschnüren zu verdanken sei, die ohne das zackige Hilfsmittel nicht fachgerecht aufgewickelt werden könnten. Inzwischen ist wohl jeder mit der glitschigen Materie vertraut, wobei es verpönt und ganz und gar „unitalienisch" ist, sich die Handhabung mit einem Löffel zu erleichtern.
Nur wenige Töchter beherzigen heute noch den mütterlichen Rat, beim ersten Rendez-

vous niemals Spaghetti zu essen. Unweibliche Verrenkungen seien damit verbunden, rotviolette Saucenspritzer auf der neuen Bluse – alle Chancen vertan. Und eine repräsentative Umfrage unter 50 Kindern zwischen drei und zwölf Jahren belegt, daß sich 90% der Sprößlinge ein Spaghettigericht zum Geburtstag wünschen.

Den ersten und letzten Versuch, die italienische Bevölkerung vom Pastaessen abzuhalten, machte 1931 der futuristische Schriftsteller Filippo Tommaso Marinetti. In seinem Manifest „La Cucina Italiana" wetterte er gegen den haltlosen Spaghettikonsum seiner Landsleute: „Spaghetti machen friedlich, pessimistisch, träge und fett", mahnte er, „nehmt euch ein Beispiel an den fleischessenden Deutschen". Daß diese Polemik gegen das geliebte Nationalgericht Staub aufwirbeln würde, hätte der kriegsbegeisterte Freund Mussolinis eigentlich voraussehen müssen. Seine Vision vom rundlich gewordenen, schwächlichen, kriegsuntüchtigen Italiener traf ins empfindlichste Mark. Die Tageszeitungen schrieben: „... wo immer in Italien in einem Restaurant, einer Weinstube oder im Haushalt die Pasta serviert wurde, gab es unmittelbare Verwicklungen durch endlose Diskussionen". Denn auf das, was der wirre Patriot als „absurde Religion der italienischen Gastronomie" bezeichnete, wollte nun wirklich niemand verzichten: weder Ammen noch Straßenjungen, weder Könige noch Literaten.

Den Arabern verdankt die glückliche Nachwelt auch die Erkenntnis, daß das Mehl für den Nudelteig, um ihn möglichst dünn ausrollen zu können, einen hohen Anteil an „Klebern" braucht. Der Teig muß nämlich stabil und fest – nicht etwa elastisch und dehnbar – sein, damit die Nudel die ihr einmal gegebene Form behält. Früher wurde der „klebrigste", und damit beste, Hartweizen – also der Rohstoff für das Mehl – aus dem Schwarzmeerraum importiert. Inzwischen ist Italien zum größten Hartweizenproduzenten der Welt geworden, kann aber den ungeheuren Bedarf nur mit Hilfe von Kanada, Argentinien und den USA decken.

Die weiteren Zutaten zur Nudelherstellung sind denkbar bescheiden: Wasser und Salz. Das Korn des Hartweizens wird zu Grieß gemahlen und dann mit Wasser zu einem homogenen Teig geknetet. Zeit- und Fingerspitzengefühl sind dabei wesentlich, der Teig darf nicht zu weich oder gar sauer werden. Schließlich preßt der „Pastaio" die Masse durch eine fein gelochte Scheibe, die Fäden werden gleichlang zugeschnitten und zum Trocknen aufgehängt: Pasta – basta.

2,8 Millionen Tonnen Pasta werden jährlich in Italien hergestellt, wobei die manuelle Methode natürlich längst hochindustrialisierter Technik gewichen ist. Davon essen die Mittelmeerbewohner 2,4 Millionen Tonnen selbst. Statistisch gesehen verspeist jeder Italiener täglich ungefähr 100 Gramm – das ist nicht zu überbieten. Die Deutschen schaffen z. B. nur 17 Gramm pro Tag – Tendenz allerdings steigend.

Unzählbar sind die Rezepte, die sich mit dem Rohstoff Spaghetti – und natürlich seinen runden, breiten, schmetterlings- oder rohrförmigen Verwandten – zubereiten lassen. Jede Region hat in jahrhundertealter Tradition typische Geschmacksvarianten entwickelt. Ganz zu schweigen von den raffinierten Tricks, die jede italienische Mamma im Kopf hat und die in keinem Kochbuch verzeichnet sind. Es gibt jedoch einige Partner, die sich besonders gern und grundsätzlich mit den Spaghetti verbrüdern.

Natürlich ist da die reizende, runde, rote Tomate. Sie muß fleischig, aromatisch und reif sein. Da hapert es schon manchmal im 08/15-Angebot des Supermarktes, wer kann, sollte auf dem Markt einkaufen. Findet er auch da nur treibhausgetriebene Nachtschattengewächse, empfehlen sich die „Pelati" in Dosen als gute Saucengrundlage.

Zweitens ist da das Öl. Olivenöl ist immer zu bevorzugen, vor allem, wenn es kalt gepreßt ist. Wer auch noch auf den Zusatz „extra vergine" achtet, hat schon halb gewonnen.

Drittens die Kräuter. Die Nudel, die ja nicht gerade mit viel Eigengeschmack gesegnet ist, lechzt nach ihrem Aroma. Manche Kräuter, so könnte man meinen, sind nur für die Pasta gewachsen: Basilikum z. B., Rosmarin oder Thymian. Man sollte sie tunlichst nicht untereinander mischen: in der Beschränkung liegt die Würze, der starke Duft, der eindeutige Geschmack. Der Käse gehört zu Spaghetti wie die Butter aufs Brot. Sei es der Parmesan, der Pecorino, Gorgonzola oder Mozzarella – frisch muß er sein, bloß nicht abgepackt oder gar – größte Sünde – bereits fertig gerieben.

Die kulinarische Ehe wäre nicht wunschlos glücklich ohne Sahne und Knoblauch. Auch wenn die eine von manchen als Dickmacher verschmäht wird, der andere wegen seines unverkennbaren Duftes mit Vorsicht zu genießen ist: beide sind besser als ihr Ruf. Die Sahne verliert, als verbindendes Element für sanfte Saucen, ihren kalorienreichen Schrecken. Und der Knoblauch, wenn er jung und zart ist, den aufdringlichen Geruch.

Wer noch viel mehr über die Pasta wissen will, dem sei ein Besuch im einzigen Spaghettimuseum der Welt empfohlen. Es liegt in dem Dörfchen Pontedassio, 7 Kilometer von Turin entfernt.
Spaghetti sind nicht nur ein Begriff im kulinarischen Sprachgebrauch. 1955 wurde Sophia Loren zur „amerikanischen Spaghettikönigin" gekürt, und die „Skandalnudel" gehört inzwischen zum Standardvokabular. Wie bildlich und treffend beschreiben diese Wortverbindungen, was gemeint ist! Wer als „Ulknudel" bezeichnet wird, gilt im allgemeinen als albern. Wenn der seriöse Musikliebhaber einer „Spaghettioper" lauscht, langweilt er sich meist mit pomadisierten Tenören, und der „Spaghettiwestern" raucht in der Regel vor Spielzeugcolts und unechten Gefühlen. Der Gipfel neidvoller Verachtung ist es, dem glutäugigen Alfa-Romeofahrer „Spaghettifresser" nachzurufen. All diese Wortspiele – auf den ersten Blick spöttisch und ironisch – enthüllen beim näheren Hinsehen doch wieder die Bewunderung, die wir Nordländer für das fröhliche Mittelmeeressen und sein Volk hegen. Denn wer würde jemals von einem „Skandalspätzle", oder einer „Ulkkartoffel" oder einer „Sauerbratenoper" sprechen? Spaghetti sind Musik und Erotik, Gefühl und fundamentaler Genuß.

„Nur gar zu oft denke ich an Italien
und am öftersten des Nachts.
Vorgestern träumte mir: ... ich sei
ein bunter Harlekin und
läge recht faulenzerisch unter einer
Trauerweide. Die herab-
hängenden Zweige dieser Trauer-
weide waren aber lauter
Spaghetti, die mir lang und lieblich
ins Maul flossen, statt Sonnen-
strahlen lauter gelbe Butterströme,
und endlich fiel von oben
herab ein weißer Regen von
geriebenem Parmesankäse."

Heinrich Heine, 1834

SPAGHETTI ALLA BOLOGNESE

„Es ist angerichtet.“ Ludwig, Butler

500 g Spaghetti
300 g Rinderhackfleisch
4 EL Olivenöl
1/2 Zwiebel
1 Karotte
1 Stück Sellerie
1 Knoblauchzehe
3 EL Tomatenmark
1 Glas Rotwein
Fleischbrühe
1 Bund gemischte Kräuter
(Basilikum, Thymian, Petersilie)
Salz, Pfeffer

Rinderhackfleisch im heißen Olivenöl anbraten. Zwiebel, Karotte, Sellerie und Knoblauch fein würfeln und mit dem Fleisch zusammen weiterbraten. Tomatenmark dazurühren und mit Rotwein und etwas Brühe ablöschen. Kräuterbund in die Sauce geben, mit Salz und Pfeffer abschmecken und zugedeckt mindestens 30 Minuten leicht kochen lassen. Von Zeit zu Zeit umrühren und nach Bedarf Fleischbrühe nachgießen. Kräuterbund entfernen und die Sauce über die angerichteten Spaghetti verteilen.

SPAGHETTI AL RADICCHIO DI ROMANO

„Ich hab eben Haare wie Spaghetti." Michaela May, Schauspielerin

500 g Spaghetti
250 g Pilze der Saison
(Champignons, Austernpilze etc.)
3 EL Olivenöl
1 Knoblauchzehe
1 kleiner Kopf Radicchio
Salz, Pfeffer
1 Bund Petersilie

Geputzte Pilze blättrig schneiden und im heißen Öl anbraten. Zerdrückten Knoblauch kurz mitdämpfen. Radicchio in feine Streifen schneiden und in der Pfanne bei sehr kleiner Hitze mit den Pilzen kurz vermengen. Mit Salz und Pfeffer würzen, über den gekochten Spaghetti anrichten und mit feingehackter Petersilie bestreuen.

SPAGHETTI CON TARTUFO

„Ich mag, daß man sie sowohl schlürfen kann, sie sich aber auch al dente widersetzen. Daß sie einem den Glauben geben, man würde von ihnen nicht dick, und daß sie nach viel Wein verlangen. Und sie schmecken immer nach mehr.“ Professor August Everding, Generalintendant der bayerischen Staatstheater

500 g Spaghetti
1 Schalotte
1 dl Weißwein
1,5 dl süße Sahne
1 Prise Muskat
Salz, Pfeffer
50 g Parmesan
1 weißer Trüffel

Schalotte fein schneiden und in der Butter glasig dünsten. Mit Weißwein und Sahne auffüllen, würzen und 5 Minuten bei schwacher Hitze etwas reduzieren. Parmesan einrühren und die Sauce mit den Spaghetti vermengen. Auf Tellern anrichten und den Trüffel hauchdünn darüberhobeln.

SPAGHETTI BUDAPEST

Hackfleisch im heißen Olivenöl anbraten, den gepreßten Knoblauch dazugeben und gut durchbraten. Tomatenmark, geschälte Tomaten und Basilikumblätter hinzufügen, würzen und mindestens eine Stunde lang zugedeckt kochen lassen. Bei Bedarf etwas Wasser nachgießen. Mit Salz und Pfeffer abschmecken.

500 g Spaghetti
500 g mageres Rinderhackfleisch
5 EL Olivenöl
200 g Knoblauch
400 g Tomatenmark
2 – 3 Bund Basilikum
Salz, Pfeffer

„Süffig und leicht – dabei charaktervoll und aromatisch.“ Nikola Konstantin, Puppenbildnerin

SPAGHETTI VODKA

„Seit der Lektüre von John Harpers bahnbrechender psychokulinarischer Studie ‚Die erotische Nudel' ist meine Beziehung zu Spaghetti anders geworden.“
David Galloway,
Direktor des Paul Pozozza Museums

500 g Spaghetti
150 g geräucherter Schinken
150 g Rohschinken (z. B. Parma)
150 g Schinkenspeck
1 Zwiebel
3 EL Olivenöl
2,5 dl Wodka
2,5 dl süße Sahne
1 Bund Petersilie
Salz, schwarzer Pfeffer aus der Mühle

Schinken und Speck kleinhacken. Zwiebel fein würfeln und im heißen Olivenöl anbraten. Schinken/Speck zugeben und unter Rühren 3 Minuten mitbraten. Mit Wodka auffüllen und auf kleinem Feuer 8 Minuten garen lassen. Sahne mit gehackter Petersilie, Salz (sparsam) und frisch gemahlenem Pfeffer verrühren. Mit den gekochten Spaghetti vermischen und zum Schluß die Fleischsauce unterheben. Nastrowje!

SPAGHETTI ALL' AROMA MARITTIMO

500 g Spaghetti
3 Schalotten
4 Knoblauchzehen
70 g Butter
1 Bund Estragon
1 TL süßer Senf
1 ½ TL Estragonsenf
3 EL Tomatenmark
1 dl Weißwein
2 dl süße Sahne
300 g Thunfisch aus der Dose
Muskat, Salz, Pfeffer
2 EL Crème fraîche
100 g große Kapern aus dem Glas

„Die perfekte Entsprechung von Form und Inhalt. Spaghetti sind der Inbegriff für guten Geschmack." **Catherine Burda, Journalistin**

Die grobgehackten Schalotten mit dem gepreßten Knoblauch in der Butter glasig dünsten. Estragonblätter fein hacken und zusammen mit dem Senf und dem Tomatenmark zu den Zwiebeln geben. Mit Weißwein und Sahne auffüllen, den abgetropften, etwas zerzupften Thunfisch zufügen und die Sauce leicht einkochen lassen. Mit Muskat, Salz und Pfeffer abschmecken und zum Schluß die Crème fraîche und die abgetropften Kapern beifügen.

SPAGHETTI AGLIO E OLIO

„Meine Spaghetti sind so gut – ich könnt' drin baden."

Ron Williams, Entertainer

500 g Spaghetti
6 Knoblauchzehen
100 g Olivenöl
Salz, Pfeffer

Knoblauch fein hacken und im Olivenöl bei schwacher Hitze dämpfen, bis er eine gelbliche Farbe annimmt. Die gekochten, abgetropften Spaghetti mit dieser Sauce mischen und mit Salz und reichlich Pfeffer abschmecken.

SPAGHETTI CON LE SEPPIE

500 g Spaghetti
1 Zwiebel
2 Knoblauchzehen
80 g Olivenöl
400 g Tintenfisch, ausgenommen
2 dl Weißwein
Salz, weißer Pfeffer
1 Bund Petersilie

Gehackte Zwiebel mit dem zerdrückten Knoblauch im Öl glasig werden lassen. Das in feine Streifen geschnittene Tintenfischfleisch mitdämpfen, mit Weißwein auffüllen, würzen und zugedeckt ca. 30 Minuten weichkochen. Mit gehackter Petersilie bestreut servieren.

„Spaghetti machen friedlich.“ **Christin, Fotomodell**

SPAGHETTI ALLE NOCI

„Spaghetti reagieren wie manche Menschen: im trockenen Zustand sind sie sperrig, einförmig und zerbrechlich, während sie unter Flüssigkeitseinwirkung nicht nur weich und vielgestaltig werden, sondern auch den richtigen Schwung bekommen.“

Andreas „Leo“ Lukoschik, TV-Moderator

500 g Spaghetti
2 Frühlingszwiebeln
1 Knoblauchzehe
2 EL Olivenöl
250 g geschälte Paranüsse
1 Dose Thunfisch im eigenen Saft (ohne Öl)
3 EL Hefeextrakt
2,5 dl Gemüsebrühe
Cayennepfeffer
Salz, weißer Pfeffer
1 EL Zitronensaft
4 EL Crème fraîche

Frühlingszwiebeln und Knoblauch nicht zu fein hacken und im Olivenöl andünsten. Paranüsse und Thunfisch in der Küchenmaschine zerkleinern und mit dem Hefeextrakt zu den Zwiebeln geben. Gemüsebrühe zugießen und mit den Gewürzen und Zitronensaft abschmecken. Die Sauce erwärmen und vor dem Servieren die Crème fraîche darunterziehen.

SPAGHETTI DELLA CASA

„Das Geheimrezept gegen Frust, schlechte Laune und Hunger. Einfach raffiniert."

Prinzessin Christine von Auersperg, Fernsehredakteurin

500 g Spaghetti
200 g Speckwürfel
1 EL Olivenöl
100 g Lauch
1 dl Sahne
150 g Ricotta
Salz, Pfeffer
50 g Parmesan

Speckwürfel im Olivenöl gut anbraten, überschüssiges Fett abgießen. Fein geschnittenen Lauch zu den Speckwürfeln geben und andämpfen. Mit Sahne übergießen und etwas einkochen lassen. Ricotta hinzufügen, mit Salz und Pfeffer würzen und die Sauce unter Rühren auf kleinem Feuer sämig kochen.
Frisch geriebenen Parmesan darunterziehen und die Sauce mit den gekochten, abgetropften Spaghetti gut vermengen.

SPAGHETTI AL GORGONZOLA E MASCARPONE

„Schwerelos schweben sie, bevor sie sich träge verschlingen, um genießerisch verschlungen zu werden.“

Tommaso Quagliotti, Schauspieler

500 g Spaghetti
120 g Gorgonzola
1,5 dl Milch
200 g Mascarpone
Salz, Pfeffer

Gorgonzola mit der Gabel zerdrücken. Milch in einem Topf erhitzen, Gorgonzola hinzufügen und unter Rühren erwärmen, bis er schmilzt. Mascarpone dazurühren und mit Salz und Pfeffer abschmecken.

SPAGHETTI CON TONNO E AGLIO

„Stets vorrätig für verrückte Experimente."
Regula Müdespacher, Fotografin

500 g Spaghetti
1 Zwiebel
300 g Thunfisch aus der Dose
1 EL rosa Pfeffer
4 Knoblauchzehen
2 dl Weißwein

Zwiebel fein schneiden und in etwas Thunfischöl andünsten. Thunfisch abtropfen lassen und mitdämpfen. Rosa Pfeffer und durchgepreßten Knoblauch hinzufügen, mit Weißwein aufgießen und die Sauce einkochen lassen. Über den fertig zubereiteten Spaghetti anrichten.

SPAGHETTI ALLA RUSTICA

„Spaghetti muß man ernst nehmen,

weil sie die Seele fröhlich machen.“

Nino Cerruti, Modeschöpfer

500 g Spaghetti
800 g Broccoliröschen
Salz
3 EL Olivenöl, kaltgepreßt
Pfeffer aus der Mühle

Broccoliröschen in viel Salzwasser 5 Minuten kochen, mit der Schaumkelle herausnehmen und warmstellen. Spaghetti im Broccoliwasser zubereiten und durch ein Sieb abgießen. Mit Olivenöl und Broccoliröschen vorsichtig vermischen und mit frisch gemahlenem Pfeffer abschmecken.

SPAGHETTI À LA VALBONNE

„Kommt zum Spaghettiessen! Das heißt für mich und meine Freunde: es wird ein fröhlicher Abend. Jeder kann mitbringen, wen er will, und kommen, wann er Lust hat. ‚Spaghettiessen' ist einfach ein Synonym für ungezwungene Gastlichkeit." Maryam Sachs, Autorin

500 g Spaghetti
500 g Tomaten
2 Bund Basilikum
3 Knoblauchzehen
3 EL Olivenöl, kaltgepreßt
Salz, Pfeffer

Tomaten abziehen, entkernen und grob würfeln. Basilikumblätter in Streifen schneiden. Knoblauch durchdrücken und in 1 EL Olivenöl bei schwacher Hitze dämpfen. Vom Feuer nehmen und mit Tomatenwürfeln, Basilikum und dem restlichen Olivenöl mischen. Mit Salz und Pfeffer abschmecken und über die angerichteten Spaghetti verteilen.

SPAGHETTI AL PESTO

„Ich habe eine treue Liebesbeziehung zu Spaghetti.

Der Grund für die überaus romantische

Verstrickung ist einfach: sie schmecken gut.“

Roy Lichtenstein, Künstler

500 g Spaghetti
120 g Pinienkerne
100 g Olivenöl, kaltgepreßt
4 Knoblauchzehen
2 Bund Basilikum
60 g Parmesan gerieben
Salz, Pfeffer

Pinienkerne, Olivenöl, Knoblauch und zerkleinerte Basilikumblätter im Mörser fein zerstoßen. Den Parmesan unter das pesto mengen und mit Salz und Pfeffer würzen. Fertig gekochte und abgetropfte Spaghetti gut mit dem pesto vermischen und auf Tellern anrichten.

SPAGHETTA!

SPAGHETTI ALLE VONGOLE

„Spaghetti treffen immer ins Schwarze."

Wendelin von Boch, Villeroy und Boch

Zwiebel fein schneiden und im Olivenöl glasig dünsten. Champignons blättrig schneiden und solange mitdünsten, bis alle Flüssigkeit verdampft ist. Sahne und Tomatenmark hinzufügen und einkochen lassen.

Weißwein nach und nach dazugießen. Sobald die Sauce sämig wird, die abgetropften Muscheln und den durchgedrückten Knoblauch unterrühren. Mit Salz, Pfeffer und grobgehackten Kräutern würzen und noch einmal kurz aufkochen lassen. Über die angerichteten Spaghetti verteilt servieren.

500 g Spaghetti
1 Zwiebel
3 EL Olivenöl
150 g Champignons
1,5 dl Sahne
2 EL Tomatenmark
3 EL Weißwein
200 g Vongole (Venusmuscheln) aus dem Glas
1 Knoblauchzehe
Salz, Pfeffer
1 Zweig Basilikum
2 Zweige Petersilie

SPAGHETTI „PRONTO"

„In 12 Minuten hab' ich ihn weich."

Sunnyi Melles, Schauspielerin

500 g Spaghetti
200 g Muscheln aus dem Glas
4 Knoblauchzehen
2 EL Olivenöl
250 g geschälte Tomaten, aus der Dose
300 g Thunfisch aus der Dose
Salz, Pfeffer
1 EL gehackte Petersilie

Muschelwasser in ein Gefäß abgießen. Feingehackten Knoblauch im Olivenöl andünsten. Zerkleinerte Tomaten zugeben und mitdünsten. Muscheln und zerzupften Thunfisch zu den Tomaten rühren, mit etwas Muschelwasser aufgießen und mit Salz und Pfeffer abschmecken. Zugedeckt ca. 5 Minuten bei schwacher Hitze garen. Vor dem Servieren die gehackte Petersilie unterrühren.

SPAGHETTI PRIMAVERA

„Höchst elegant und gleichzeitig lustvoll verführerisch. Eine solche Verbindung konnte nur in einer großen Kultur entstehen."
Peter Schmidt, Designer

500 g Spaghetti
200 g frische Morcheln
120 g Butter
2 Schalotten
Salz
¼ Liter Geflügelfond
2 cl Sherry

Die Morcheln putzen (möglichst nicht waschen), Stiel entfernen und die Pilze halbieren. Die Hälfte der Butter erhitzen und darin die feingeschnittenen Schalotten mit den Morcheln 2–3 Minuten andünsten. Leicht salzen, mit dem Schaumlöffel herausnehmen und warmstellen. Den Sud mit Geflügelfond und Sherry auffüllen. Etwa auf die Hälfte einkochen, die restliche Butter einrühren und sofort vom Herd nehmen. Die Morcheln wieder zur Sauce geben und mit den gekochten Spaghetti anrichten.

SOMEN SETSU

Somen zubereiten und erkalten lassen. Mit einer Sauce aus Essig, Öl, Zucker, Salz und Pfeffer vermischen und etwas ziehen lassen. Tomaten fein würfeln, Basilikumblätter in Streifen schneiden und mit den Sojasprossen und dem Seetang unter die Nudeln mengen. Mit den halben Eiern garniert servieren.

500 g Somen (oder Spaghetti)
2 EL Essig
4 EL Sesamöl
1 TL Zucker
Salz, Pfeffer
300 g Tomaten
1 Bund Basilikum
100 g Sojasprossen
100 g Seetang
2 Eier, 8 Minuten gekocht

„Die japanischen Spaghetti heißen Somen. Diese Nudeln sind etwas dünner und meine Mutter kocht sie immer, wenn ich von anstrengenden Tourneen nach Hause komme.“

Midori, Geigenvirtuosin

SPAGHETTI URSEL

„Dem preußischen Erziehungsprinzip ‚Gut Schwein frißt alles' gehorche ich im Fall Spaghetti zwanglos."

Huschke von Hanstein, Rennfahrer

500 g Spaghetti
2 Eier
2 Eigelb
6 EL Parmesan
5 EL geriebene Zwiebeln
1 TL schwarzer Pfeffer
2 Knoblauchzehen, durchgedrückt
500 g Speck, gewürfelt

Alle Zutaten mit dem Schneebesen vermischen.

Speckwürfel knusprig braten. Spaghetti mit der Sauce vermischen und die Speckwürfel darübergeben.

SPAGHETTI DATSCHA

„Eines
der ernstesten Pro-
bleme für Russen, die in den
Westen kommen: wir haben nicht
gelernt, wie man Spaghetti richtig ißt.“
Natascha und Erik Bulatov, Malerehepaar

500 g Spaghetti
300 g junger Spinat
300 g Tomaten
6 EL Olivenöl
1 Knoblauchzehe
Salz, Pfeffer
100 g Parmesan

Spinatblätter entstielen, waschen und in Streifen schneiden. Tomaten abziehen, entkernen und würfeln. Spaghetti zubereiten, abtropfen lassen und zusammen mit Olivenöl, Spinat und Tomatenwürfeln im Topf vermischen, bis der Spinat etwas zusammenfällt. Den zerdrückten Knoblauch und den Parmesan dazumischen und mit Salz und Pfeffer abschmecken.

BOULATOV

SPAGHETTI ALLA FINA

„Pasta – basta!“

Ingo Kaiser, Goldpfeil AG

500 g Spaghetti
400 g Bries
6 Frühlingszwiebeln
50 g Butter
200 g Champignons
1 dl Weißwein
2 cl Noilly Prat
1 dl Gemüsebrühe
Salz, weißer Pfeffer
1 Bund Schnittlauch
1 Spritzer Zitronensaft

Bries einige Stunden wässern (das Wasser öfter wechseln), häuten und in Würfel schneiden. Frühlingszwiebeln (nur die Knöllchen) fein würfeln und in der Butter glasig dünsten. Blättrig geschnittene Champignons und Brieswürfel mitdünsten und mit Weißwein, Noilly Prat und Gemüsebrühe auffüllen. Mit Salz und Pfeffer würzen und 5 Minuten bei schwacher Hitze garen. Den feingeschnittenen Schnittlauch unter die Sauce mischen, mit Zitronensaft abschmecken und über den vorbereiteten Spaghetti anrichten.

SPAGHETTI ALLA BAVARESE

Nach Lust

und

Laune dosieren,

500 g Spaghetti
Piri-Piri (kleine, sehr scharfe, rote Pfefferschoten)
Knoblauch
Speck
Basilikum
Olivenöl

hacken,

anbraten,

mischen

und essen.

„... denn schließlich und endlich geht es ja um Österreich".

Ysabel Bayern, Künstlerin

SPAGHETTI À LA RATATOUILLE

„Der Vorteil von Spaghetti ist, daß ich sie 14mal in der Woche essen kann. Der Nachteil von Spaghetti besteht darin, daß ich sie nur 14mal in der Woche essen kann.“

Horst-Dieter Ebert, Feinschmecker

500 g Spaghetti
Auberginen
Zucchini
Olivenöl
gemischte Kräuter
(Oregano, Basilikum, Thymian, Bohnenkraut, Rosmarin)
Zwiebeln
Tartar
Pfeffer, Cayennepfeffer
Tabasco
Cognac
Tomaten
Pfefferschote
Reibkäse

Die Mengen und ihre Mischungsverhältnisse sind individuell - chacun à son goût! Auberginen und Zucchini in Scheiben schneiden und mit den gehackten Kräutern im Olivenöl andünsten; Öl abgießen. Gehackte Zwiebeln mit dem Tartar, den Gewürzen und dem Cognac im Öl anbraten. Das gedünstete Gemüse zugeben und mit gepellten Tomaten und entkernter, kleingehackter Pfefferschote zugedeckt bei mittlerer Hitze garen. Vor dem Servieren den frischen Reibkäse in der Sauce schmelzen.

SPAGHETTI LA MAMMA

500 g Spaghetti
150 g Speck
2 EL Olivenöl
400 g schwarze, eingelegte Oliven
Salz, Pfeffer

Speck in feine Scheiben schneiden und im Olivenöl kroß braten. Aus dem Öl nehmen und warmstellen. Oliven entkernen und fein hacken. Im Specköl bei kleiner Hitze 3 Minuten braten und mit Salz und Pfeffer würzen. Spaghetti dazumischen und zum Schluß den gebratenen Speck unterheben.

„Spaghetti – dolce vita, Marcello Mastroianni, endlose Gespräche, Lachen, Liebe – das Leben“.

Iris Berben, Schauspielerin

SPAGHETTI FURIOSO

500 g Spaghetti
10 Knoblauchzehen
1 - 2 grüne, scharfe Pfefferschoten
6 EL Olivenöl
Salz

Knoblauchzehen schälen und im Olivenöl bei schwacher Hitze mit den zerkleinerten Pfefferschoten dünsten, bis sie glasig sind. Mit Salz abschmecken und unter die Spaghetti mischen.

„Wer den Nagel auf den Kopf trifft, trifft auch den anderen."

Günther Uecker, Nagelkünstler

SPAGHETTI ALLE MELANZANE

„Ich male mir damit die kostbarsten Sachen aus". Marina B., Juwelendesignerin

500 g Spaghetti
2 Auberginen
6 EL Olivenöl
2 Knoblauchzehen
2 Thymianzweige
3 dl Tomatensaft
Salz, Pfeffer

Auberginen in dünne Scheiben schneiden und im heißen Olivenöl gut anbraten. Zerdrückten Knoblauch und Thymianzweige kurz mitdünsten und dann mit Tomatensaft ablöschen. Mit Salz und Pfeffer würzen und die Sauce 10 Minuten bei kleiner Hitze einkochen lassen.

SPAGHETTI ALLA SARDA

Ölsardinen in einen Topf abgießen. Das Öl erhitzen und den gehackten Knoblauch darin goldgelb werden lassen. Pfefferschote in sehr feine Streifen schneiden und kurz mit dem Knoblauch andünsten. Grobgehackte Sardinen hinzufügen, etwas Wasser dazugießen, mit Salz und Pfeffer abschmecken und die Sauce eine Minute auf kleinem Feuer kochen lassen. Über die fertig zubereiteten Spaghetti verteilen.

500 g Spaghetti
1 Dose Ölsardinen
3 Knoblauchzehen
½ Pfefferschote
Pfeffer, Salz

„Spaghetti spielen Rollen. Immer neu und immer anders. Unerschöpflich variabel.“

Michael de Winter,

Schauspieler

SPAGHETTI MEXICAINE

500 g Spaghetti
500 g Tomaten
1/2 Apfel, sauer
300 g Sellerie
300 g Zwiebeln
2 Knoblauchzehen
40 g Butter
1 Schuß Rotwein
1 Prise Zucker
Salz, Pfeffer
Sojasauce
4 EL gehackter, frischer Koriander

Tomaten abziehen, entkernen und kleinschneiden; den Apfel entsprechend zerkleinern. Sellerie, Zwiebeln und Knoblauch sehr fein würfeln und in der Butter bei schwacher Hitze weich dünsten. Tomaten, Apfel und Rotwein zufügen und mit Zucker, Salz, Pfeffer und Sojasauce würzen. Zugedeckt mindestens 40 Minuten gut durchkochen; dabei öfters umrühren, wenn nötig, etwas Wasser zufügen. Kurz vor dem Servieren den gehackten Koriander zur Sauce geben.

„Signora Spaghetta brauchte sich zwar nie um ihre ranke Taille zu sorgen, doch erst in Begleitung der kapriziösen Donna Saucia gelang der Sprung in den Starhimmel von Noodlewood.“

Marianne Sägebrecht, Schauspielerin und Aktio' närrin

SPAGHETTI AL CARCIOFO

„Überall, wo ich bin, sind sie auch."

Leo Castelli, Galerist

500 g Spaghetti
16 Artischockenböden
(aus dem Glas)
6 EL Olivenöl
Salz, schwarzer Pfeffer aus der Mühle

Artischockenböden in Streifen schneiden und im Olivenöl erwärmen. Mit Salz und Pfeffer würzen und über die angerichteten Spaghetti verteilen.

SPAGHETTI FANTASIA

„Farblich pikant,
geschmacklich lasziv,
gesundheitlich unbedenklich."

Frank Burger, Künstler

Gummibärli wie die Konfetti
auf die Spaghetti, alles paletti.

500 g Spaghetti
1 Packung Gummibärchen

SPAGHETTI ALL' ARRABBIATA

„Scharf."
Uta Schmidt, Fellini Protagonistin

500 g Spaghetti
700 g Tomaten
1 Zwiebel
2 Knoblauchzehen
2 EL Olivenöl
1 rote Pfefferschote
Salz
½ Bund Petersilie

Tomaten abziehen, entkernen und grob hacken. Zwiebel und Knoblauch fein würfeln und im Olivenöl andünsten. Tomaten und fein gehackte Pfefferschote hinzufügen. Mit Salz abschmecken und die Sauce 30 Minuten leicht einkochen lassen. Über die angerichteten Spaghetti geben und mit gehackter Petersilie bestreuen.

SPAGHETTI AL BURRO

„Das Interessante am Spaghetti ist, daß schon seine Form und sein Aussehen alle Welt überzeugt. Dieses lange, dünne, biegsame Ding, das die Zunge kitzelt und seinen Weg im Mund überallhin findet, animiert die Sinne. Hätten Spaghetti z. B. die Form einer Seifenschachtel – kein Mensch würde sie essen.“ Peter Ustinov, Universalgenie

500 g Spaghetti
150 g Butter

Die in gut gesalzenem Wasser gekochten Spaghetti abtropfen lassen und in der zerlassenen Butter schwenken.

SPAGHETTI AL ROMBO E MELISSA

500 g Spaghetti
1 Schalotte
1 EL Olivenöl
1 dl Weißwein
1,5 dl Fischfond
1 dl Crème double
Salz, weißer Pfeffer
2 - 3 Spritzer Worcestersauce
ca. 16 Zitronenmelisseblätter
Zitronensaft
400 g Steinbuttfilets
1 EL Olivenöl

Schalotte fein schneiden und im Olivenöl anschwitzen. Mit Weißwein und Fischfond auffüllen und bis auf die Hälfte reduzieren. Crème double einrühren, mit Salz, Pfeffer und Worcestersauce würzen und bei kleiner Hitze weiterköcheln, bis die Sauce leicht sämig wird. Grobgehackte Zitronenmelisseblätter hinzufügen und mit Zitronensaft abschmecken. Steinbuttfilets in Streifen schneiden und im Olivenöl von beiden Seiten braten. Vorsichtig unter die Sauce mischen und über die angerichteten Spaghetti verteilen.

„Spaghetti überbrücken Gegensätze“.

Christel Schüppenhauer, Galeristin

SPAGHETTI - MANEGE ALLA RONCALLI

„Wir fordern: Spaghetti und Spiele.“ Angelo Munoz, Clown / Bernhard Paul, Zirkusdirektor

500 g Spaghetti
6 Eiweiß
120 g Butter
6 Eigelb
200 g Champignons
100 g möglichst frische, schwarze Trüffel
200 g geriebener Parmesan
Salz, Pfeffer
Semmelbrösel
4 EL Olivenöl (beste Qualität)
Sellerie/Karotte/Lauch/rote und gelbe Paprika
1 Bund Blattpetersilie

Spaghetti knapp gar kochen, durch ein Sieb abgießen und kalt abschrecken. Eiweiß steif schlagen. Butter in einer Schüssel geschmeidig rühren; Eigelb nacheinander zugeben und schaumig rühren. Champignons und Trüffel in Scheiben schneiden und mit dem Parmesan in die Buttermasse rühren. Mit Salz und Pfeffer abschmecken. Abgetropfte Spaghetti untermischen und dann den Eischnee unterheben. Back-/Springform gut mit Butter einfetten, mit Semmelbröseln ausstreuen und die Nudelmasse einfüllen. Oberfläche glattstreichen, mit Semmelbröseln bestreuen und dann Olivenöl darüberträufeln. Im vorgeheizten Ofen bei ca. 200 Grad 35 - 40 Minuten backen. Gemüse wie Konfetti ausstechen oder schneiden und in kochendem Wasser kurz blanchieren. Die Gemüsekonfetti kommen beim Anrichten locker auf und um die Spaghetti-Manege. Mit etwas Blattpetersilie umrunden.

SPAGHETTI CON ZAFFERANO

Schalotte fein schneiden und mit der halbierten Knoblauchzehe im Olivenöl andämpfen. Knoblauch entfernen, mit Weißwein auffüllen und aufkochen lassen. Würzen mit Lorbeer, Salz, Pfeffer und Safran. Fisch in Stücke schneiden und im Sud zugedeckt ca. 5 Minuten bei schwacher Hitze garen. Fischstücke mit der Schaumkelle herausnehmen und warmstellen. Crème fraîche in die Sauce rühren und unter ständigem Rühren etwas einkochen lassen. Lorbeerblatt entfernen und abschmecken. Fischstücke wieder zur Sauce geben und servieren.

500 g Spaghetti
1 Schalotte
1 Knoblauchzehe
2 EL Olivenöl
2 dl Weißwein
1 Lorbeerblatt
Salz, weißer Pfeffer
1 Haushaltsdöschen Safran
400 g Seeteufelfilets
150 g Crème fraîche

„Zum Frühstück, zum Lunch, zum Diner – unsere Lust auf Spaghetti ist zeitlich ungebunden und unersättlich.“

Rudolf Moshammer mit Mama Else, Couturiers

HPW'S SPAGH-ENTE

Die Hälfte der Steinpilze in Scheiben schneiden und in der heißen Butter anschwenken. Sahne zugeben, leicht salzen, etwas einkochen lassen und dann die Crème fraîche unterziehen. Zwiebellauch in Salzwasser blanchieren und warmstellen. Entenbrüste mit Salz, Pfeffer und Thymian würzen. Im heißen Öl zuerst von der Haut- (Fett-)Seite scharf anbraten, dann von der anderen Seite gemäßigter nachziehen lassen. Den Rest der Steinpilze in

500 g Spaghetti
600 g Steinpilze
50 g Butter
1,5 dl süße Sahne
0,8 dl Crème fraîche
4 Stück junger Zwiebellauch
4 Entenbrüste
Salz, schwarzer Pfeffer aus der Mühle
2 Thymianzweige
2 EL Olivenöl
8 kleine Scheiben rohe Entenstopfleber oder
8 ganze, frische Entenlebern

großen Stücken zugeben und mitbraten. Entenstopfleber kurz, frische Leber kräftig anbraten. Abgetropfte Spaghetti mit der Steinpilz-Sahnesauce vermischen und auf Teller portionieren. Entenbrüste in nicht zu dünne Scheiben schneiden und mit den Steinpilzstücken neben den Spaghetti anrichten. Zwiebellauch am Stück darüberlegen. Gebratene Entenstopfleberscheiben oder Entenlebern auf die Spaghetti legen. Mit schwarzem Pfeffer aus der Mühle „überrußen“ (schwärzen).

„Ente gut - alles gut.“ Hans-Peter Wodarz, Gastwirt und Koch

SPAGHETTI ALL' ARAGOSTA

„Was Männer knackig finden, lieben Frauen al dente". Sônia Bogner, Stylistin

500 g Spaghetti
1 dl Weißwein
2 cl Noilly Prat
4 dl Fischfond
1 Schalotte
2 Zweige Basilikum
100 g Butter
1 dl Crème double
Salz, weißer Pfeffer
1 TL Zitronensaft
400 g Hummerfleisch
(tiefgekühlt, oder 2 frische Hummer zubereiten und auslösen)

Weißwein, Noilly Prat und Fischfond mit der fein geschnittenen Schalotte und Basilikumblättern aufkochen und die Flüssigkeit auf die Hälfte reduzieren. Durch ein Sieb passieren und die Butter in der Sauce gut aufschlagen. Crème double dazurühren und mit Salz, Pfeffer und Zitronensaft abschmecken. Das in Stücke geschnittene Hummerfleisch in dieser Sauce erwärmen und über die Spaghetti geben.

SPAGHETTI ALLA FACILE

Spaghetti zubereiten, abtropfen lassen und Butterflöckchen darin schmelzen. Auf Tellern anrichten und Ketchup darüberschütten.

500 g Spaghetti
40 g Butter
Ketchup

„Wenn unsere Eltern Gäste haben, gibts manchmal so eklige Sachen, die wir überhaupt nicht mögen.“ Clint und Colin, Zwillinge

SPAGHETTI AI QUATTRO FORMAGGI

500 g Spaghetti
100 g Butter
*50 g Fontina**
*50 g Tilsiter (oder Edamer)**
*50 g Parmesan**
*50 g Provolone**
1 dl süße Sahne
Pfeffer aus der Mühle
1 Prise Muskat

*Mit Spaghetti kann man herrlich experimentieren. Mischen Sie vier Käsesorten „al gusto", es schmeckt z.B. genauso hervorragend mit Pecorino, Groviera, Emmentaler etc.

„Spaghetti haben etwas Magisches. Sie verhexen jeden, der mit ihnen Kontakt aufnimmt". Alfred Biolek, Journalist und Moderator

Spaghetti zubereiten, abtropfen lassen und wieder in den Topf geben. Die Butter in den heißen Spaghetti schmelzen lassen. Käsesorten reiben und mit der Sahne unter die Nudeln mengen. Bei kleiner Hitze weitermischen, bis der Käse geschmolzen ist. Mit reichlich frisch gemahlenem Pfeffer und dem Muskat abschmecken.

SPAGHETTI AI FUNGHI PORCINI

„Spaghetti sind widerspenstig und müssen im Wettkampf gezähmt werden.“

Gloria von Thurn und Taxis, Fürstin

500 g Spaghetti
1 Zwiebel
40 g Butter
400 g frische Steinpilze
1 dl Weißwein
Salz, weißer Pfeffer
3 EL Crème fraîche
1 Bund Schnittlauch

Zwiebel fein schneiden und in der Butter glasig dünsten. Steinpilze putzen, in dünne Scheiben schneiden und mitdämpfen. Mit Weißwein übergießen, salzen, pfeffern und ca. 5 Minuten auf kleinem Feuer garen. Crème fraîche unterheben und die Pilze über die angerichteten Spaghetti verteilen. Mit viel feingeschnittenem Schnittlauch bestreut servieren.

SPAGHETTI ALL'ORTICA

„Ich genieße und schweige."
Ben Vautier, Mitbegründer des Fluxus

Brennesseln waschen und entstielen. Knoblauch fein schneiden und mit dem Lorbeer im Olivenöl dünsten, bis er eine gelbe Farbe annimmt. Lorbeer entfernen. Brennessel- und gezupfte Oreganoblättchen hinzufügen und mitdünsten, bis die Blätter zerfallen. Mit Salz und Pfeffer abschmecken und gut mit den vorbereiteten Spaghetti vermischen.

500 g Spaghetti
400 g frische Brennesseln
2 Knoblauchzehen
2 Lorbeerblätter
6 EL Olivenöl
1 Bund Oregano
Salz, Pfeffer

Seven Up
e... détend...
ésaltère
WHATEVER
YOU HEAR
Coca-Cola
Coca-Cola
CHAT

SPAGHETTI RUSSO

„Nur Bock auf Spaghetti.“

Hans Müller, Punk

Knoblauch und Nüsse grob hacken und im Olivenöl bei schwacher Hitze dünsten. Mit Salz und Pfeffer würzen und gut mit den Spaghetti vermischen. Gezupften Koriander darüberstreuen.

500 g Spaghetti
4 Knoblauchzehen
120 g Walnußkerne
5 EL Olivenöl
Salz, Pfeffer
1 Bund Koriander

SPAGHETTI PIROGG

„Spaghetti tragen das Dach,

unter dem man Feste feiert“.

Igor Sacharow-Ross, Maler

500 g Spaghetti
3 EL Butter
3 EL Semmelbrösel
500 g Quark (20% Fett)
2 EL Honig
4 Eigelb
3 EL Crème fraîche
100 g Rosinen

Eine Springform von 22 - 24 cm Durchmesser ausbuttern und mit Semmelbröseln bestreuen. Quark mit Honig, Eigelb, Crème fraîche und Rosinen gut verschlagen. Nun die Springform schichtweise mit Spaghetti und Quarkmasse belegen, wobei die unterste Schicht aus Spaghetti und die letzte Schicht aus Quark bestehen sollte. Mit 2 EL flüssiger Butter beträufeln und mit den restlichen Semmelbröseln bestreuen. Im vorgeheizten Backofen bei 220 Grad 20 - 30 Minuten backen und heiß servieren.

SPAGHETTI ALLA CARBONARA

„Knackig und sahnig, saftig und sinnlich, unkompliziert und köstlich, restlos beliebt.“

Marie Waldburg, Kolumnistin

500 g Spaghetti
120 g Speckwürfel
1 EL Olivenöl
5 Eier
1 dl süße Sahne
100 g Parmesan, gerieben
Salz, Pfeffer
50 g Butter

Speckwürfel im Olivenöl anbraten. Eier mit der Sahne, Parmesan und Gewürzen verrühren. In einem Topf die Butter zerlassen, bis sie schäumt, und dann die Eiermasse hineingeben. Sobald die Eier zu stocken beginnen, die gerösteten Speckwürfel darunterziehen und sofort mit den fertig gekochten, heißen Spaghetti vermischen.

SPAGHETTI ALL' ORIGINE

スパゲット σπαγέτο спагетти سباجيتي

Florian Langenscheidt, Verleger

500 g Spaghetti
2 Bund Frühlingszwiebeln
6 EL Olivenöl
150 g milde Paprika aus dem Glas
6 cl Sherry, trocken
400 g Schafskäse
Salz, schwarzer Pfeffer aus der Mühle
1 Spritzer Zitronensaft

Frühlingszwiebeln fein schneiden und im Olivenöl andünsten. Paprika abtropfen lassen, in Streifen schneiden und mitdünsten. Mit Sherry ablöschen und zugedeckt ca. 5 Minuten garen. Schafskäse würfeln, zur Sauce geben und unter Rühren schmelzen lassen. Mit Salz, Pfeffer und Zitronensaft abschmecken und über die vorbereiteten Spaghetti anrichten.

spadino m. 1 Galanteriedegen m. 2 (Mil) Offiziersdolch m,
Dolch m. spadista m. (Sport) Degenfechter m. spadone m.
Zweihänder m.
spadroneggiare v.i. (spadroneggio, spadroneggi; aus. avere) sich
als Herr (o Herrin) aufspielen.
spaesato a. verwirrt, benommen.
spaghettata f. ⟨pop⟩ Spaghetti-Essen n. spaghetto m. 1 Bind-
faden m. 2 pl. ⟨Alim⟩ Spaghetti pl: -i al pomodoro (o sugo)
Spaghetti pl mit Tomatensoße.
spagliare v. (spaglio, spagli) I v.t. 1 das Stroh entfernen
[dat]; (togliere dalla paglia) aus dem Stroh herausnehmen. 2
(rif. a cereali) worfeln. II v.i. (aus. avere) 1 das Stroh durchein-
anderwerfen. 2 (nutrirsi di paglia) Stroh fressen. spagliarsi v.r.
das Stroh verlieren. spagliato a. ohne Strohgeflecht: sedia -a
Stuhl ohne Strohgeflecht. spagliatura f. Entfernung f des
Strohs.
spaglio m. Übertreten n, Austritt m. □ a ~ in weitem Bogen;
semina a ~ Breitsaat f; seminare a ~ breit säen.
spagna f. ⟨Bot⟩ (anche erba spagna) blaue Luzerne f, Saatluzerne f.
Spagna N.pr.f. ⟨Geog⟩ Spanien n.
spagnalo m. Luzernefeld n.

SPAGHETTI BASILICO ALLA LEGGERA

Basilikumblätter in feine Streifen schneiden. Crème fraîche einmal aufkochen, Basilikum, Salz und reichlich Pfeffer hinzufügen und die Sauce unter die Spaghetti mischen.

500 g Spaghetti
2 Bund Basilikum
250 g Crème fraîche
Salz, Pfeffer

„Spaghetti entziehen sich der disziplinierten Beschränkung. Sie fordern hemmungslose Schlemmerei." Anouschka Renzi, Schauspielerin

SPAGHETTI SPAGNOLI

„Meine schönsten Spaghetti-Erinnerungen sind eng mit meiner Großmutter verbunden. Bei ihr durfte ich – was zu Hause streng verboten war – Spaghetti vor dem Fernseher essen. Sie schnitt die Spaghetti immer in ganz kleine Stücke. Das war zwar weniger lustig zu essen – aber sicherer für die Möbel.“ Keith Haring, Künstler

500 g Spaghetti
400 g Gambas, geschält
5 EL Olivenöl
3 Knoblauchzehen
Salz, Pfeffer
2 Zweige Dill

Gambas im Olivenöl anbraten und den durchgepreßten Knoblauch mitdämpfen. Mit den gekochten, abgetropften Spaghetti vermischen, mit Salz und Pfeffer würzen und den gezupften Dill darüberstreuen.

SPAGHETTI AL FORNO

Auberginen in zentimetergroße Würfel schneiden, Knoblauch hacken, Champignons putzen und blättrig schneiden. Auberginenwürfel im Olivenöl anrösten, Knoblauch und Champignons kurz mitbraten. Hackfleisch, Tomatenmark, Thymian und Lorbeerblatt unterrühren, mit Wasser auffüllen, mit Salz und Pfeffer würzen und die Sauce ca. 40 Minuten auf kleiner Flamme kochen lassen. Lorbeerblatt und Thymianstiele entfernen. Spaghetti zweimal brechen, 8 Minuten „knackig" kochen und gut abtropfen lassen. Sauce mit Spaghetti, verquirlten Eiern, 50 g Gruyère und dem Parmesan gut vermengen. Auflaufform ausbuttern, mit Semmelbröseln ausstreuen, die Masse einfüllen, mit dem restlichen Gruyère und etwas Semmelbröseln bestreuen und im Ofen bei 180 Grad 40 Minuten überbacken.

500 g Spaghetti
2 Auberginen
6 EL Olivenöl
6 Knoblauchzehen
200 g Champignons
600 g Hackfleisch
300 g Tomatenmark
3 Thymianzweige
1 Lorbeerblatt
Salz, Pfeffer
3 Eier
150 g Gruyère, gerieben
50 g Parmesan, gerieben
etwas Butter
3 EL Semmelbrösel

„Die Heimat meiner Seele ist Rußland, mein Geist ist in der klaren Kultur Frankreichs zu Hause, mein Körper liebt die Wärme, das Licht und die Küche Italiens."

Brigitte Engerer, Pianistin

SPAGHETTI ALLA FREDDA

500 g Spaghetti
800 g Tomaten
200 g Mozzarella
200 g frische Steinpilze (oder Champignons)
1 1/2 EL Balsamico
2 Knoblauchzehen
1 Prise Zucker
Salz, Pfeffer
4 EL Olivenöl, kaltgepreßt
1 kleiner Rosmarinzweig
2 Thymianzweige
1 Bund Basilikum
100 g Rughetta (Rucola)

Spaghetti zubereiten, durch ein Sieb abgießen, kalt überbrausen und abkühlen lassen. Tomaten abziehen, entkernen und in Würfel schneiden. Mozzarella ebenfalls würfeln. Pilze putzen, wenn nötig waschen und blättrig schneiden. Balsamico, gepreßten Knoblauch, Zucker, Salz, Pfeffer und Olivenöl mit einem Schwingbesen gut verschlagen. Feingehackte Kräuter, Tomaten- und Mozzarellawürfel, Pilze und Rughetta zusammmen mit der Sauce unter die Spaghetti mischen.

„Ohne Spaghetti fühle ich mich kulinarisch bedroht.“

Wolfgang Joop,!

SPAGHETTI CON L'ANGUILLA

Aal in kleine Stücke teilen und für ca. eine Viertelstunde in Essigwasser einlegen. Tomaten abziehen, entkernen und würfeln. Essigwasser von den Fischstücken abgießen, diese abtrocknen und in Mehl wenden. Zwiebel, Karotte, Sellerie und Knoblauch fein würfeln und im heißen Olivenöl anbraten. Fischstücke mitbraten; sobald sie zu bräunen beginnen, mit Rotwein ablöschen. Ingwer, Tomatenwürfel und einen Teil der Kräuter hinzufügen und das Ganze zugedeckt auf kleinem Feuer weichkochen. Den Aal aus der Sauce nehmen, von den Rückengräten lösen und einen Teil des Fleisches mit der Gabel zerdrücken. Aalfleisch wieder in die Sauce geben und über die vorbereiteten Spaghetti verteilen. Mit den restlichen Kräutern bestreut servieren.

500 g Spaghetti
300 g Aal, gehäutet und ausgenommen
1 EL Essig
400 g Tomaten
etwas Mehl
1 Zwiebel
1 Karotte
1 Stück Sellerie
2 Knoblauchzehen
3 EL Olivenöl
1 Glas Rotwein
1 Stück Ingwer
1 Bund Basilikum, gehackt
1 Bund Petersilie, gehackt

„Ich liebe ihren Charakter." Silvia Voss, Unternehmerin

SPAGHETTI ALLA PUTTANESCA

500 g Spaghetti
600 g Tomaten
2 Knoblauchzehen
4 EL Olivenöl
20 schwarze Oliven, entkernt
2 EL Kapern
Salz, Pfeffer, Oregano
8 Sardellenfilets
1 Bund Petersilie

Tomaten abziehen, entkernen und grob hacken; Sardellenfilets wässern. Den feingeschnittenen Knoblauch im Olivenöl dünsten, bis er eine gelbe Farbe annimmt. Tomaten mitdünsten und mit einer Gabel zerdrücken. Zerkleinerte Oliven, Kapern und Gewürze hinzufügen und bei kleiner Hitze reduzieren. Sardellenfilets abgießen, in die Sauce geben und mitkochen lassen. Zum Schluß die grobgehackte Petersilie unterziehen und die Sauce mit den gekochten Spaghetti vermischen.

„Spaghetti verblüffen mich immer wieder."

Fritz Müller-Scherz, Drehbuchautor und Schauspieler

SPAGHETTI NERI

„Ich schließe mich Salvador Dali an, der gesagt hat: ‚So weiß ich genau und wild, was ich essen will. Desto mehr bin ich erstaunt, um mich herum ständig Lebewesen zu bemerken, die mit barbarischem Mangel an Überzeugung alles essen.'"
Eva Karcher, Kunstkritikerin

500 g Spaghetti
500 g Tintenfisch mit Tintenbeutel
1 Knoblauchzehe, gehackt
1 Zwiebel, gehackt
¼ Liter trockener Weißwein
Salz, frisch gemahlener Pfeffer
1 kleine Pfefferschote, gehackt
2 EL süße Sahne
1 Bund Petersilie, gehackt

Tintenfische säubern, Mund, Augen und Innereien entfernen, Tinte aufbewahren. Tintenfische in Ringe schneiden. Knoblauch und Zwiebel im Olivenöl glasig dünsten, Tintenfischringe und Fangarme mitdünsten, dann Weißwein und Gewürze hinzufügen. Zugedeckt ca. 20 Minuten garen. Den Tintenfisch mit einer Schaumkelle herausnehmen. In den Fischsud die Tinte und die Sahne einrühren und mit den gekochten Spaghetti gut vermischen. Unter Wenden etwas ziehen lassen. Die Tintenfischstücke unterheben und mit Petersilie bestreut servieren.

SPAGHETTI PANICOS

„Mir fehlt mein Bruder – er kocht, ich esse.“

Nicolas Economou, Komponist

500 g Spaghetti
1 Liter Fleischbrühe
¼ Liter Sahne
Pfeffer, Salz
1 EL Curry
1 Bund Minze

Spaghetti kurz ankochen, dann das Wasser abgießen. Einen Fond herstellen aus Brühe, Sahne und Gewürzen und darin die Spaghetti in ca. 6 Minuten fertig kochen. Fein gehackte Minzeblätter darüberstreuen und servieren.

SPAGHETTI ALLA CACCIATORA

„Spaghetti – für mich ein Stück Italien. Und mehr: für einen Moment das sinnliche Gefühl zu spüren, dort zu Hause zu sein."

Sabine Meister, Unternehmensberaterin

500 g Spaghetti
1 Karotte
1 Stück Sellerie
1 Zwiebel
500 g Wildschweinfleisch von der Keule
2 Zweige Petersilie
4 EL Olivenöl
2 dl Rotwein
Fleischbrühe
Salz, Pfeffer, Anis
2 cl Gin
2 EL Crème fraîche

Karotte, Sellerie und Zwiebel fein würfeln. Wildschweinfleisch durch den Fleischwolf drehen und zusammen mit dem Gemüse und der Petersilie im Olivenöl anbraten. Mit Rotwein und Fleischbrühe ablöschen, mit Salz, Pfeffer und Anis würzen und zugedeckt eine Stunde lang durchkochen. Von Zeit zu Zeit umrühren und nach Bedarf Fleischbrühe nachgießen. Wenn die Sauce dicksämig ist, Petersilienzweige entfernen. Mit Gin abschmecken und vor dem Servieren die Crème fraîche darunterziehen. Über die angerichteten Spaghetti verteilen.

SPAGHETTI AL CARTOCCIO

500 g Spaghetti
400 g Fleischtomaten
1 Bund Basilikum
60 g junger Zwiebellauch
1 – 2 Knoblauchzehen
4 EL Olivenöl
120 g frische, junge, grüne Meeralgenspitzen
Salz, Pfeffer aus der Mühle
4 Blatt starke Alufolie
300 g Wildlachsfilet, ohne Haut und Gräten
8 Scampis, geschält
1 Bund Petersilie

Tomaten abziehen, entkernen und in Würfel schneiden. Basilikumblätter in Streifen schneiden. Zwiebellauch und Knoblauch fein schneiden und im Olivenöl kurz dünsten. Die Tomatenwürfel, abgespülte Meeralgen, Basilikum, Salz und Pfeffer mit dem gedämpften Lauch und Knoblauch verrühren. Zubereitete Spaghetti kalt abspülen, abtropfen lassen und gut mit den vorbereiteten Zutaten vermischen. Aluminiumfolien auf dem Tisch ausbreiten, mit Olivenöl fetten und das Spaghettigemisch daraufschichten. Lachsfilet in 4 Teile schneiden und Scampis der Länge nach halbieren. Über den Spaghetti verteilen, salzen, pfeffern, gehackte Petersilie darüberstreuen und mit etwas Olivenöl beträufeln. Die Folien zu Taschen falten und im Ofen bei ca. 220 Grad 9 – 12 Minuten backen. Mit der Schere die Folien aufschneiden, leicht auseinanderbiegen und in der Folie servieren. **„Bei mir kommt keiner zu kurz."**

Gerd Käfer, Partykönig

SPAGHETTI ALLA ZUCCA

Korinthen in warmem Wasser einweichen. Kürbisfleisch in Würfel schneiden und in Salzwasser knapp gar kochen. Schalotte fein schneiden und im Olivenöl glasig dünsten. Abgetropfte Korinthen und Kürbiswürfel mitdünsten, mit 1 dl Kürbiswasser und Crème

500 g Spaghetti
50 g Korinthen
300 g Kürbisfleisch
1 Schalotte
3 EL Olivenöl
1 dl Crème double
Salz, Pfeffer

double auffüllen und bei schwacher Hitze 5 Minuten etwas reduzieren. Mit Salz und Pfeffer kräftig würzen und mit den Spaghetti vermischen. **„Spaghetti sind so wandlungsfähig, daß sie die eigene Kreativität herausfordern."**

Nana Dix, Malerin

SPAGHETTI PROVENÇALE

500 g Spaghetti
3 Bund gemischte Kräuter (Estragon, Basilikum, Thymian, Bohnenkraut, Majoran, Petersilie)
2 Knoblauchzehen
6 EL Olivenöl
Salz, Pfeffer

Kräuter und Knoblauch grob hacken und dann im Mörser fein zerstoßen. Im Olivenöl kurz andünsten, mit Salz und Pfeffer würzen. Mit den fertig gekochten, abgetropften Spaghetti innig vermischen.

„Ich bin immer in der Lage, Spaghetti zu essen. Es gibt nichts, was mich davon abhalten kann.“

Hans Mayer, Galerist

SPAGHETTI CON SALVIA E PROSCIUTTO DI PARMA

„Spaghetti beschleunigen Hexen und ihre Zauberlehrlinge."

Kicki von Bohlen und Halbach, Hausfrau und Mutter

500 g Spaghetti
1 Knoblauchzehe
6 EL Olivenöl
ca. 16 frische Salbeiblätter
150 g Parmaschinken
Salz, schwarzer Pfeffer aus der Mühle

Knoblauchzehe halbieren und im Olivenöl anbraten bis sie gelb ist. Entfernen, dann die zerkleinerten Salbeiblätter und den in Streifen geschnittenen Schinken darin heiß werden lassen. Mit wenig Salz und reichlich frisch gemahlenem Pfeffer abschmecken und mit den Spaghetti vermischen.

SPAGHETTI CASPIEN

Gekochte, abgetropfte Spaghetti in der geschmolzenen Butter schwenken und auf Tellern anrichten.

Kaviar darüber verteilen und nach Belieben mit je 1 Eßlöffel Crème fraîche nappieren.

500 g Spaghetti
100 g Butter
250 g Kaviar (den besten, den Sie kriegen können)
4 EL Crème fraîche

„Spaghetti sind wie große Ferien."

Ali Seif Nasseri, Dilettant

SPAGHETTI AL DENTE

Einen ausreichend großen Topf verwenden, auf 100 g Nudeln rechnet man 1 Liter Wasser. Das Wasser salzen und die Nudeln damit die Spaghetti nicht zusammenkleben. Die Kochzeit beträgt zwischen 8 und 12 Minuten, sie ist meist auf der Packung noch einen winzigen weißen Punkt sieht. Die Spaghetti in ein bereitstehendes Sieb gießen und kurz schütteln. In einer vor- zubereiten und sofort servieren. Alle Rezepte sind als Hauptgericht für 4 Personen gedacht. Wer die Spaghettigerichte als erst hineingeben, wenn es sprudelnd kocht. Einen Tropfen Öl zufügen. Immer wieder mit einem Holzlöffel umrühren,

angegeben. Die Spaghetti sind fast fertig, wenn man beim Abbeißen

gewärmten Schüssel anrichten oder auf den vorgewärmten Tellern verteilen. Ganz wichtig: Spaghetti immer frisch

Vorspeise servieren will, halbiert die Mengenangaben.

INHALTSVERZEICHNIS

Wir bedanken uns bei den
Akteuren und bei allen, die uns
geholfen haben, „Spaghettissimo“
zu realisieren:

Petra Bachstein
Jutta Buer
Hans Dieter Göhre
Heidi Harder
Pit Janzen
Heiko Meineke
Andrasch Michna
Hubert von Perfall
Opus M. Simon
Claudia von Schilcher
Peter Winkler
Heidi Winterstein